MUST READ

Analiza książki

AF125961

Mały Książę

• • • • • • • • • • • • • • • • •

Antoine de Saint-Exupéry

ANALIZA KSIĄŻKI

Napisany przez Pierre Weber
Przetłumaczony przez Kâmil Kowalski

Mały Książę

. . . .

Antoine de Saint-Exupéry

Wiedza na wyciągnięcie ręki!

www.50minutes.com

Podszlifuj swoje ulubione tematy
dzięki naszym praktycznym tytułom

ANTOINE DE SAINT-EXUPÉRY

FRANCUSKI PISARZ, POETA I PILOT

- **Urodzony w Lyonie w 1900 r.**
- **Zginął na morzu, w pobliżu Korsyki w 1944 r.**
- **Godne uwagi prace:**
  - *Nocny lot* (1931), powieść
  - *Wiatr, piasek i gwiazdy* (1939), powieść
  - *Mały Książę* (1945), powieść

Francuski pilot i pisarz, Antoine de Saint-Exupéry urodził się w Lyonie w 1900 roku i zginął w 1944 roku na morzu w pobliżu Korsyki, podczas lotu zwiadowczego dla sił alianckich. Pionier poczty lotniczej i niestrudzony odkrywca, opublikował swoje pierwsze prace w latach dwudziestych i trzydziestych, z których wiele było autobiograficznych (*Poczta południowa*, 1929; *Nocny lot,* 1931).

Mały Książę (1945) i *Wiatr, piasek i gwiazdy* (1939, zdobywca Grand Prix du roman od Académie française) pozostają dwoma jego największymi sukcesami literackimi.

MAŁY KSIĄŻĘ

UNIWERSALNA I PORUSZAJĄCA OPOWIEŚĆ

- **Gatunek:** Opowieść

- **Wydanie referencyjne:** De Saint-Exupéry, A. (2000) *Mały Książę*. San Diego: Harcourt.

- **Pierwsze wydanie:** 1943

- **Tematy:** dzieciństwo, nauka, świat dorosłych, przyjaźń/ miłość, życie/śmierć

Szczególnie znana baśń filozoficzna *Mały Książę* to historia spotkania pilota uwięzionego na pustyni Sahara z małym dzieckiem, które wydaje się przybywać wprost z gwiazd. Opowieść inicjacyjna o silnym wymiarze symbolicznym została wydana po raz pierwszy w 1943 roku w Stanach Zjednoczonych w formie angielskiego tłumaczenia ilustrowanego przez autora, a następnie we Francji w 1945 roku, już po śmierci pisarza.

Niezbędny punkt odniesienia w literaturze francuskiej, jego sukces w księgarniach jest widoczny do dziś.

STRESZCZENIE

DZIECKO, KTÓRE SPADŁO Z NIEBA

Napisany w pierwszej osobie *Mały Książę* ujawnia niektóre wspomnienia narratora z dzieciństwa, z czasów, gdy uwielbiał rysować boa dusiciele. Kiedy jednak podzielił się swoimi "arcydziełami z dorosłymi", ci poradzili mu, by poświęcił się "geografii, historii, arytmetyce i gramatyce".

Po samotnym dzieciństwie narrator zostaje pilotem. To właśnie po przymusowym lądowaniu na środku Sahary spotyka Małego Księcia. Jest to dziecko, o podobnym do innych wyglądzie, które zgubiło się na pustyni, a jednak wydaje się, że niczego mu nie brakuje. Budzi pilota po pierwszej nocy oczekiwania, prosząc go: "Jeśli możesz…narysuj mi owcę".

Zaskoczony pilot robi to, o co go prosi. Ale żaden z jego szkiców nie wydaje się zadowalać Małego Księcia. W ostateczności kończy rysując pudełko z otworami i mówiąc małemu chłopcu: "Owca, którą chcesz, jest w środku". To satysfakcjonuje księcia, który zadowolony zauważa, że owca zasnęła.

NIEZWYKŁA CODZIENNA RUTYNA

W ciągu kolejnych dni narrator poznaje małego księcia. Odkrywa, że pochodzi on z asteroidy B-612, planety tak małej, że jest ledwie większa od domu. Życie małego księcia zajmowały codzienne czynności, takie jak zamiatanie jego trzech małych wulkanów czy przycinanie baobabów, niebezpiecznych chwastów, które zagrażałyby planecie, gdyby pozwolono im osiągnąć dorosłe rozmiary.

Mały książę uwielbiał oglądać zachody słońca: asteroida była tak mała, że wystarczyło przesunąć się o kilka metrów, by zobaczyć kolejny zachód. Chłopiec opowiada, że kiedyś widział czterdzieści trzy zachody słońca w ciągu jednego dnia.

Chłopiec opowiada również historię swojej róży. Pewnego dnia był świadkiem narodzin róży, równie pięknej, co wymagającej. Zakochał się, ale kaprysy próżnego kwiatu w końcu przerosły jego cierpliwość.

ODKRYWANIE ŚWIATA

Mały Książę postanowił więc opuścić swoją różę i asteroidę, aby zbadać planety. Po drodze napotkał szereg barwnych postaci: samozwańczego władcę iluzorycznego królestwa, zarozumialca, alkoholika, biznesmena z obsesją liczenia gwiazd, które posiadał, latarnika, którego planeta była tak mała, że musiał pracować bez przerwy, i wreszcie geografa, człowieka z książkami, który odmówił samodzielnego zbadania świata. Małego Księcia uderzyła absurdalność trosk tych postaci i ich samotność.

Dziecko dotarło następnie na Ziemię. Spotkało tam węża, który mówił zagadkami, następnie "kwiat bez znaczenia", zanim odkryło echo gór i wreszcie dotarło do środka pięknego ogrodu różanego, gdzie ze smutkiem uświadomiło sobie, że w jego własnej róży nie ma nic wyjątkowego.

ISTOTNE W ŻYCIU

Pewnego dnia spotkał lisa, który z całego serca pragnął, aby mały książę go oswoił. Lis wyjaśnił, że słowo "oswoić" oznacza "stworzyć więzi" (s. 68), a on będzie z nim związany poprzez przyjaźń. Dla Małego Księcia była to okazja, by zrozumieć prawdziwe znaczenie przyjaźni. Odszedł od swojego towarzysza pełen smutku.

Ostatnimi znajomymi małego księcia byli: zwrotniczy, który sortował przepełnione pociągi, oraz kupiec, który sprzedawał pigułki gaszące pragnienie. Następnie wrócił na pustynię, gdzie spotyka narratora.

Od spotkania narratora z Małym Księciem minęło osiem dni i brak wody zaczyna być niepokojący. Mały Książę zabiera narratora do studni, symbolu niekończącego się źródła i skarbu ukrytego we wszystkim i wszystkich: "To, co czyni pustynię piękną […], to fakt, że gdzieś kryje ona studnię".

Wkrótce jednak nadchodzi czas odlotu. Narratorowi udaje się naprawić swój samolot, a Mały Książę zostaje ukąszony przez węża, aby uwolnić się od ciała i wrócić na swoją planetę, gdzie ponownie zajmie się swoją różą. Opowieść kończy się przejmującym przywołaniem wspomnień narratora: "Nic we wszechświecie nie może być takie samo, jeśli gdzieś, nie wiemy gdzie, owca, której nigdy nie widzieliśmy, – tak czy nie? – zjadła różę…".

STUDIUM POSTACI

MAŁY KSIĄŻĘ

Z blond włosami, wiecznie powiewającym na wietrze szalikiem i dziarskim śmiechem, Mały Książę jest tajemniczym dzieckiem z odległej planety. Wrażliwy i ciekawy, nigdy nie przestaje zadawać pytań, badać wszechświata i próbować zrozumieć sens świata i życia. Jest uosobieniem niewinności i czystości dzieciństwa: jego niejasne pochodzenie i nieziemski wygląd sprawiają, że jest archetypicznym dzieckiem.

Przy konstruowaniu postaci Saint-Exupéry korzystał z kilku modeli. Jego osobowość była bezpośrednio inspirowana przez dzieci jego przyjaciół. Głodowanie postaci w każdym razie było dość powolne (jeden z pierwszych szkiców pojawił się w 1940 roku, w liście do wspomnianego przyjaciela Léona Wertha, któremu również dedykowana jest ta opowieść). Pomysł jego objawienia się na środku pustyni zawdzięcza wiele wypadkowi przeżytemu przez Saint-Exupéry'ego w Libii, gdzie został uratowany przez karawanę koczowników (pomoc, która "spadła z nieba", tak mówił).

Choć zadanie Małego Księcia nigdy nie jest jednoznacznie określone, poruszane są w nim ważne dla dzieci kwestie dotyczące życia: miłość, przyjaźń, sens życia, śmierć itp. To, co mówi, często wydaje się naiwne, ale okazuje się dość głębokie.

NARRATOR

Opowieść daje bardzo niewiele informacji o charakterze narratora, poza tym, że jest on pilotem uwięzionym na pustyni i że był dzieckiem pełnym wyobraźni, zanim musiał wybrać poważniejszą karierę. Jest powiernikiem Małego Księcia i pośrednikiem między opowieścią Małego Księcia a czytelnikiem. Po wysłuchaniu opowieści Małego Księcia o tym, czego nauczył się od lisa, narrator sam uczy się od dziecka, co sprawia, że coś jest ważne i co jest niezbędne w życiu, zwłaszcza gdy szukają wody na pustyni. Jego poszukiwania studni pokazują, że lekcje należy wyciągać poprzez osobiste poszukiwania, a nie tylko poprzez czytanie książek.

Łatwo sobie wyobrazić, że za postacią narratora kryje się sam Saint-Exupéry: jego zawód pilota, marzenia z dzieciństwa i wypadek na pustyni to elementy zaczerpnięte z prawdziwego życia autora. Nadają one opowieści status niejednoznaczny, mieszając rzeczywistość z tym, co cudowne. Czyni się to z zamiarem uświadomienia, że historia nie powinna być postrzegana jako prosta opowieść dla dzieci, ale jako historia, która niesie ze sobą znaczenie i może być czytana na każdym etapie życia.

RÓŻA

Choć róża pojawia się tylko w dwóch, trzech rozdziałach, odgrywa kluczową rolę w całej powieści, ponieważ jej dumna i melodramatyczna natura jest przyczyną odejścia małego księcia. Podobnie to właśnie wspomnienie o swojej róży sprawia, że książę kieruje się z powrotem na swoją planetę:

"Wiesz – mój kwiat… Jestem za nią odpowiedzialny. A ona jest taka słaba! Jest taka naiwna! Ma cztery ciernie, zupełnie bezużyteczne, by chronić się przed całym światem…".

Symboliczna wartość tego znaku jest szczególnie silna. Róża może być postrzegana jako ucieleśnienie wielu różnych stron miłości:

- Na planecie Małego Księcia przeciwstawia się baobabom, by reprezentowały kruchość i bogactwo miłości;

- Jej zachowanie, gdy próbuje zdobyć miłość małego księcia, wykorzystując swoje mniej lub bardziej wyimaginowane potrzeby, by zdobyć jego nieustanną uwagę, może być przypomnieniem kobiet;

- Relacja między dzieckiem a różą jest obrazem romantycznego związku: błędy popełniane przez każdą z dwóch postaci – nadmierne przywiązywanie wagi do codziennych zmagań, nieumiejętność dostrzeżenia i wykorzystania posiadanego szczęścia – odnoszą się do prawdziwych błędów życiowych. Podróż księcia, a zwłaszcza jego spotkanie z lisem, pozwala dostrzec początki rozwiązania.

Ponadto róża może odnosić się do Louise Lévêque de Vilmorin, córki z dobrej rodziny, z którą Saint-Exupéry związał się romantycznie, zanim poświęcił się karierze pilota. Zmuszony przez rodzinę do wyboru między małżeństwem a lataniem, wybrał w końcu latanie, za co miał wielkie wyrzuty sumienia.

LIS

Lis pojawia się dość nagle, gdy książę jest w szoku po odkryciu nieoryginalności swojej róży. To on uczy dziecko jednej z najważniejszych rzeczy w życiu: miłości. To właśnie dzięki temu, że uświadamia mu słowo "oswoić" i znaczenie więzi, jakie można stworzyć z innymi, lis pozwala małemu księciu naprawdę zrozumieć przyjaźń i miłość: "Jeśli mnie oswoisz, wtedy będziemy siebie nawzajem potrzebować. Dla mnie będziesz wyjątkowy na całym świecie. Dla ciebie ja będę wyjątkowy na całym świecie…". To również jego mądrość sprawia, że chłopiec rozumie, co tak naprawdę jest w życiu ważne i jak dorośli niestety zbyt często o tym zapominają. Po podróży lis zdradza swój sekret: "Tylko sercem można dobrze widzieć; to, co istotne, jest niewidoczne dla oka".

WĄŻ

Choć napotkany na pustyni wąż mówi zagadkami, jego język wymaga mniej interpretacji niż innych postaci występujących w powieści. Zrozumienie go, wreszcie, nie wymaga udzielania odpowiedzi ani nawet zadawania pytań. To on jest tym, który opanowuje tajemnice życia. Jego jadowite ukąszenie jest również odniesieniem biblijnym i wskazuje, że reprezentuje on nieuchronną śmierć.

MIESZKAŃCY PLANET

Kiedy mały książę wyrusza na odkrywanie innych planet, spotyka kilka zawadiackich postaci, które reprezentują różne aspekty ludzkiej natury. Dlatego to właśnie dzięki tym spotkaniom poznaje świat dorosłych i jego osobliwości:

- Król reprezentuje żądzę władzy i potrzebę autorytetu pewnych jednostek;

- Zarozumiały główny odzwierciedla męską potrzebę bycia komplementowanym. To, czy pochlebstwo jest szczere, czy nie, nie ma znaczenia ("Zrób mi tę uprzejmość. Podziwiaj mnie tak samo.";

- Alkoholik to alegoria (przedstawienie abstrakcyjnej idei za pomocą obrazu) wewnętrznego wycofania i obraz człowieka, który próbuje uciec od rzeczywistości;

- Biznesmen jest ucieleśnieniem dumnego człowieka, który jest tak zajęty zarabianiem pieniędzy w celu wzbogacenia się, że prawdziwe życie przechodzi mu koło nosa;

- Lampion reprezentuje człowieka uwięzionego przez otrzymane polecenia, nad którymi nie ma kontroli, nawet jeśli są absurdalne: "Nie ma nic do zrozumienia. Rozkazy są rozkazami.";

- Geograf reprezentuje mędrca, który jest zamknięty w swojej wieży z kości słoniowej i uwięziony przez swoją książkową wiedzę. Nie ma pojęcia o rzeczywistości ("Geograf jest zbyt ważny, by się włóczyć. Nie opuszcza swojego biurka.";

Poprzez tych bohaterów autorka pokazuje nam bezsens tych wszystkich zachowań, które tak naprawdę są powszechne wśród dorosłych: "Dorośli są z pewnością w sumie niezwykli".

ANALIZA

SYMBOLICZNE DZIEŁA

Za fałszywie naiwnym wyglądem opowieści dla dzieci – wyglądem wzmocnionym przez oszczędny styl pisania i proste akwarele, które ilustrują dzieło – *Mały Książę* ma duże znaczenie symboliczne.

Tak jak uczy, że to, co istotne, jest niewidoczne dla oka i musi być postrzegane poprzez serce (od boa trawiącego słonia, poprzez studnię ukrytą na pustyni, aż po owcę ukrytą w skrzyni), tak i sama baśń może być odczytywana jako enigma, symbol, skrzynia, wewnątrz której boa zasypuje cenne prawdy. Niektóre elementy opowieści są pod tym względem szczególnie bogate:

- Podróż małego księcia jako podróż inicjacyjna lub odkrywanie świata dorosłych przez dziecko;

- Postacie węża i lisa, które kultura zachodnia zwykle przedstawia w sposób negatywny, zapraszają nas do spojrzenia na nie inaczej (wąż przynosi śmierć jako wybawienie; lis jako lojalny przyjaciel, którego Mały Książę uczy się oswajać, jednocześnie oswajając samą przyjaźń);

- Związek z różą, obrazem miłości, symbolem kruchości i kluczowym bohaterem;

- Sam Mały Książę, uosobienie niewinności, naiwności i dziecięcej poezji, obraz dzieciństwa jako całości, który ponownie staje przed oczami narratora;

- Inne elementy, takie jak różne postacie napotkane podczas podróży Małego Księcia, które służą jako krytyka współczesnego świata czy, co mniej oczywiste, jałowa pustynia, miejsce samotności, ale też wzbogacenia i introspekcji, oraz studnia, obraz skarbu zakopanego we wszystkim i wszystkich.

Wartość *Małego Księcia* – i jedno z możliwych wyjaśnień jego wielkiego sukcesu – wynika z pewnością z faktu, że żadnej interpretacji nie udaje się wyczerpać bogactwa tego dzieła; zawsze pozostanie coś do odkrycia.

PODRÓŻ INICJACYJNA

Podróż Małego Księcia może być postrzegana jako inicjacja, podczas której dziecko musi opuścić komfort i bezpieczeństwo swojego domu i swojej rodziny, aby skonfrontować się ze światem dorosłych, światem rzeczywistym, który musi odkryć samodzielnie przed powrotem do swoich korzeni. Podczas tej podróży musi nauczyć się rozumieć życie i zasadnicze pytania, przed którymi staje każde dziecko: miłość, przyjaźń, sens życia, śmierć itp.

Odkrywanie świata dorosłych bywa bolesnym doświadczeniem: w obliczu zachowań i reguł, których nie rozumie i które odbiera jako absurdalne, mały książę otrzymuje jedynie niezadowalające lub pogardliwe wyjaśnienia. W pewnym sensie świat dorosłych odmawia mu i odrzuca. Istnieje wyraźna paralela z tym, jak dziecko odbiera odpowiedzi udzielane mu przez dorosłych na jego liczne pytania.

Charakterystyczną cechą inicjacyjnej podróży Małego Księcia jest to, że pozwala ona nie tylko na rozwój dziecka, ale także na wzbogacenie się dorosłego. Spotkanie z małym księciem umożliwia więc narratorowi, paradoksalnie, powrót do dzieciństwa, by postępować w kierunku lepszego zrozumienia piękna życia i świata.

KRYTYKA WSPÓŁCZESNEGO ŚWIATA

Opozycja między światem dzieciństwa i dorosłości jest obecna w całym *Małym Księciu*. Ta opozycja jest dla Saint-Exupéry'ego okazją do krytyki wartości dorosłych, które stały się wartościami współczesnego świata.

Wszystkie postacie napotkane przez małego księcia podczas jego podróży, opisane w karykaturalny sposób, obrazują wady współczesności:

- Materializm (doktryna filozoficzna przyznająca prymat materii nad umysłem: w domyśle materialista reprezentuje osobę poszukującą dóbr i przyjemności materialnych), który prowadzi do tego, że ponad wszystko inne bierzemy pod uwagę liczby, (biznesmen, geograf, opisy na początku książki), władzę (król, zarozumialec) i pozory (anegdota o tureckim astronomie);

- Szaleńczy wyścig z czasem, poprzez spotkania z nastawnikiem czy sprzedawcą tabletek mających wyleczyć alkoholizm;

- Absurdalność pewnych zachowań, w tym tych alkoholika czy latarnika itp.

W odpowiedzi na to Saint-Exupéry proponuje zadziorny idealizm, zabarwiony optymizmem i marzeniami. *Mały Książę* jest więc apelem o poetycką i wielkoduszną wizję świata.

DALSZA REFLEKSJA

KILKA PYTAŃ DO PRZEMYŚLENIA...

- Jak zadanie Małego Księcia symbolizuje zadanie wszystkich dzieci?

- Co sprawia, że ten tekst jest opowieścią?

- Co nadaje Małemu Księciu wygląd, który można określić jako "z innego świata" lub "cudowny"?

- Róża zawsze była kwiatem niezwykle symbolicznym. Jakie symbole kojarzy z nią Saint-Exupéry w *Małym Księciu*?

- Jaka jest rola lisa?

- Opowieść uczy, że to, co istotne, jest niewidoczne dla oczu, a powinno być dostrzegane przez serce. Konkretnie, w jaki sposób Saint-Exupéry to ilustruje?

- Twoim zdaniem, dlaczego autor osadził swoją historię na pustyni?

- W jaki sposób podróż Małego Księcia jest podróżą inicjacyjną? Czy znasz inne utwory, które opowiadają o tego typu podróży?

- Czy można powiedzieć, że narrator również przechodzi w pewnym sensie podróż inicjacyjną? Uzasadnij swoją opinię.

- Co krytykuje Saint-Exupéry?

- Co Twoim zdaniem sprawiło, że dzieło to odniosło sukces zarówno wśród dorosłych, jak i dzieci?

DALSZE CZYTANIE

WYDANIE REFERENCYJNE

De Saint-Exupéry, A. (2000) *Mały Książę*. San Diego: Harcourt.

BADANIE REFERENCYJNE

Deschodt, E. (1980) *Saint-Exupéry*. Paris: Jean-Claude Lattès Editions.

ADAPTACJE

Mały Książę. (2008) [komiks]. Joann Sfar: Gallimard BD.

Mały Książę. (1974) [Film]. Stanley Donen. Dyr. UK: Paramount Pictures.

Chcemy usłyszeć od Ciebie, co się dzieje!
Zostaw komentarz na temat swojej internetowej biblioteki
i podziel się swoimi ulubionymi książkami w mediach społecznościowych!

Dlaczego warto wybrać Must Read?

Dowiedz się wszystkiego, co musisz wiedzieć o książce dzięki naszym zwięzłym i dogłębnym streszczeniom i analizom!

Odkryj to, co najlepsze w literaturze w zupełnie nowym świetle!

www.50minutes.com

Wydawca zapewnia o wiarygodności publikowanych informacji, co jednak nie może wiązać się z jego odpowiedzialnością.

© 50minutes.com, 2023. Wszelkie prawa zastrzeżone.

www.50minutes.com

Master ISBN: 9782808693400
Papierowy ISBN: 9782808614801
Depozyt prawny: D/2023/12603/1760

Verhaal: © Primento

Projekt cyfrowy: Primento, cyfrowy partner wydawców.